DIESES TRAUMBUCH GEHÖRT:

____

„Träume sind das Tor zu einer anderen Realität"

2020/21

<u>*Traum*</u>

Datum

Was kam im Traum vor?

Wer kam darin vor?

Traumdeutung

Was war es für ein Traum?

☐ Eine neue Idee		☐ von der Arbeit geträumt	
☐ Fantasie		☐ Vergangenheitstraum	
☐ Lustig		☐ Wiederholungstraum	
☐ Schultraum		☐ Zukunftstraum	
☐ verwirrender Traum		☐ Alptraum	

Gedanken und Gefühle nach dem Aufwachen

____

____

____

____

____

____

____

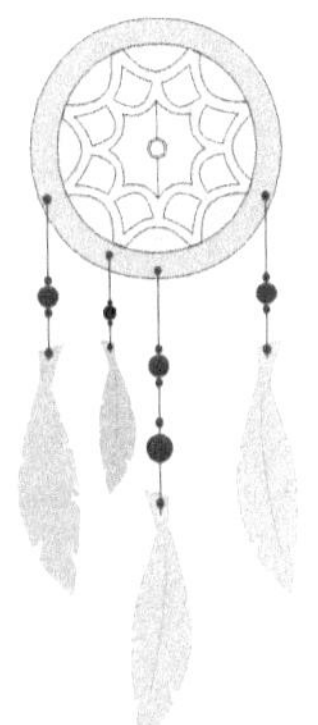

<u>*Traum*</u>

Datum

Was kam im Traum vor?

Wer kam darin vor?

Traumdeutung

Was war es für ein Traum?

- ☐ Eine neue Idee
- ☐ Fantasie
- ☐ Lustig
- ☐ Schultraum
- ☐ verwirrender Traum

- ☐ von der Arbeit geträumt
- ☐ Vergangenheitstraum
- ☐ Wiederholungstraum
- ☐ Zukunftstraum
- ☐ Alptraum

Gedanken und Gefühle nach dem Aufwachen

____

____

____

____

____

____

____

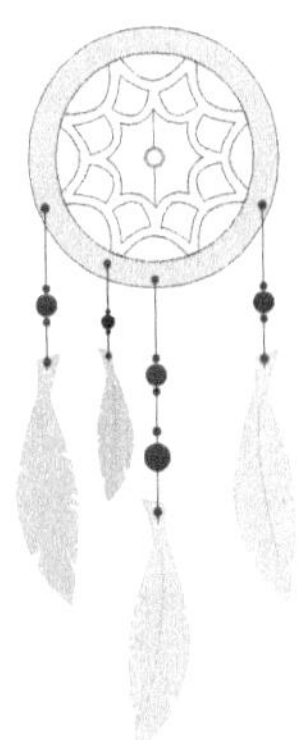

Traum

Datum

Was kam im Traum vor?

Wer kam darin vor?

Traumdeutung

Was war es für ein Traum?

- ☐ Eine neue Idee
- ☐ Fantasie
- ☐ Lustig
- ☐ Schultraum
- ☐ verwirrender Traum

- ☐ von der Arbeit geträumt
- ☐ Vergangenheitstraum
- ☐ Wiederholungstraum
- ☐ Zukunftstraum
- ☐ Alptraum

Gedanken und Gefühle nach dem Aufwachen

<u>*Traum*</u>

Datum

Was kam im Traum vor?

Wer kam darin vor?

Traumdeutung

Was war es für ein Traum?

- ☐ Eine neue Idee
- ☐ Fantasie
- ☐ Lustig
- ☐ Schultraum
- ☐ verwirrender Traum

- ☐ von der Arbeit geträumt
- ☐ Vergangenheitstraum
- ☐ Wiederholungstraum
- ☐ Zukunftstraum
- ☐ Alptraum

Gedanken und Gefühle nach dem Aufwachen

____

____

____

____

____

____

____

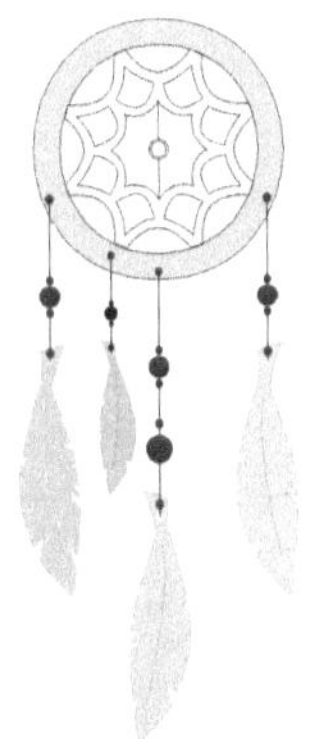

<u>*Traum*</u>

Datum

Was kam im Traum vor?

Wer kam darin vor?

Traumdeutung

Was war es für ein Traum?

- ☐ Eine neue Idee
- ☐ Fantasie
- ☐ Lustig
- ☐ Schultraum
- ☐ verwirrender Traum

- ☐ von der Arbeit geträumt
- ☐ Vergangenheitstraum
- ☐ Wiederholungstraum
- ☐ Zukunftstraum
- ☐ Alptraum

Gedanken und Gefühle nach dem Aufwachen

____

____

____

____

____

____

____

Traum

Datum

Was kam im Traum vor?

____
____
____
____
____
____

Wer kam darin vor?

☐ _______________________ ☐ _______________________

☐ _______________________ ☐ _______________________

☐ _______________________ ☐ _______________________

☐ _______________________ ☐ _______________________

Traumdeutung

____
____
____
____
____
____

Was war es für ein Traum?

- ☐ Eine neue Idee
- ☐ Fantasie
- ☐ Lustig
- ☐ Schultraum
- ☐ verwirrender Traum

- ☐ von der Arbeit geträumt
- ☐ Vergangenheitstraum
- ☐ Wiederholungstraum
- ☐ Zukunftstraum
- ☐ Alptraum

Gedanken und Gefühle nach dem Aufwachen

____

____

____

____

____

____

____

<u>*Traum*</u>

Datum

Was kam im Traum vor?

Wer kam darin vor?

Traumdeutung

Was war es für ein Traum?

- ☐ Eine neue Idee
- ☐ Fantasie
- ☐ Lustig
- ☐ Schultraum
- ☐ verwirrender Traum

- ☐ von der Arbeit geträumt
- ☐ Vergangenheitstraum
- ☐ Wiederholungstraum
- ☐ Zukunftstraum
- ☐ Alptraum

Gedanken und Gefühle nach dem Aufwachen

____

____

____

____

____

____

____

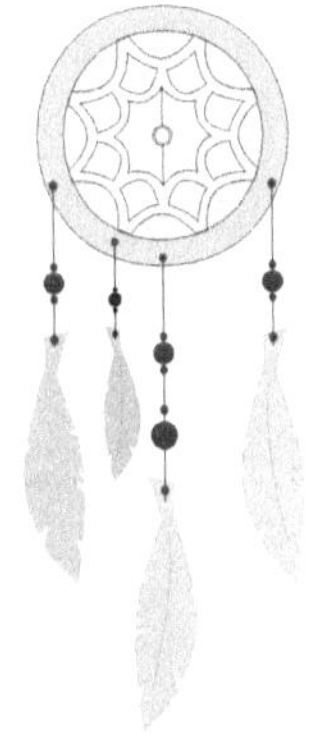

<u>*Traum*</u>

Datum

Was kam im Traum vor?

Wer kam darin vor?

Traumdeutung

Was war es für ein Traum?

- ☐ Eine neue Idee
- ☐ Fantasie
- ☐ Lustig
- ☐ Schultraum
- ☐ verwirrender Traum

- ☐ von der Arbeit geträumt
- ☐ Vergangenheitstraum
- ☐ Wiederholungstraum
- ☐ Zukunftstraum
- ☐ Alptraum

Gedanken und Gefühle nach dem Aufwachen

____

____

____

____

____

____

____

<u>*Traum*</u>

Datum

Was kam im Traum vor?

Wer kam darin vor?

Traumdeutung

Was war es für ein Traum?

☐ Eine neue Idee   ☐ von der Arbeit geträumt

☐ Fantasie   ☐ Vergangenheitstraum

☐ Lustig   ☐ Wiederholungstraum

☐ Schultraum   ☐ Zukunftstraum

☐ verwirrender Traum   ☐ Alptraum

Gedanken und Gefühle nach dem Aufwachen

<u>*Traum*</u>

Datum

Was kam im Traum vor?

Wer kam darin vor?

Traumdeutung

Was war es für ein Traum?

- [ ] Eine neue Idee
- [ ] Fantasie
- [ ] Lustig
- [ ] Schultraum
- [ ] verwirrender Traum

- [ ] von der Arbeit geträumt
- [ ] Vergangenheitstraum
- [ ] Wiederholungstraum
- [ ] Zukunftstraum
- [ ] Alptraum

Gedanken und Gefühle nach dem Aufwachen

____

____

____

____

____

____

____

<u>Traum</u>

Datum

Was kam im Traum vor?

Wer kam darin vor?

Traumdeutung

Was war es für ein Traum?

☐ Eine neue Idee   ☐ von der Arbeit geträumt

☐ Fantasie   ☐ Vergangenheitstraum

☐ Lustig   ☐ Wiederholungstraum

☐ Schultraum   ☐ Zukunftstraum

☐ verwirrender Traum   ☐ Alptraum

Gedanken und Gefühle nach dem Aufwachen

____

____

____

____

____

____

____

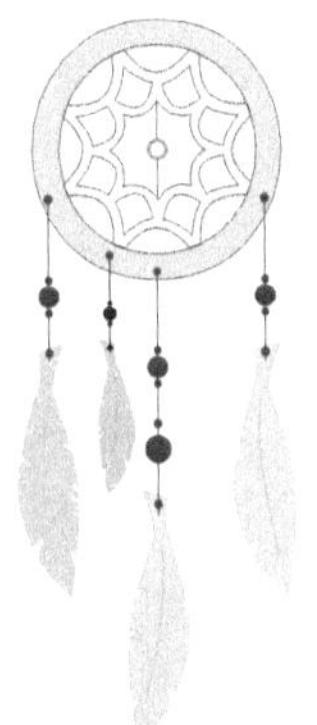

Traum

Datum

Was kam im Traum vor?

Wer kam darin vor?

Traumdeutung

Was war es für ein Traum?

☐ Eine neue Idee   ☐ von der Arbeit geträumt

☐ Fantasie   ☐ Vergangenheitstraum

☐ Lustig   ☐ Wiederholungstraum

☐ Schultraum   ☐ Zukunftstraum

☐ verwirrender Traum   ☐ Alptraum

Gedanken und Gefühle nach dem Aufwachen

<u>*Traum*</u>

Datum

Was kam im Traum vor?

Wer kam darin vor?

Traumdeutung

Was war es für ein Traum?

- ☐ Eine neue Idee
- ☐ Fantasie
- ☐ Lustig
- ☐ Schultraum
- ☐ verwirrender Traum

- ☐ von der Arbeit geträumt
- ☐ Vergangenheitstraum
- ☐ Wiederholungstraum
- ☐ Zukunftstraum
- ☐ Alptraum

Gedanken und Gefühle nach dem Aufwachen

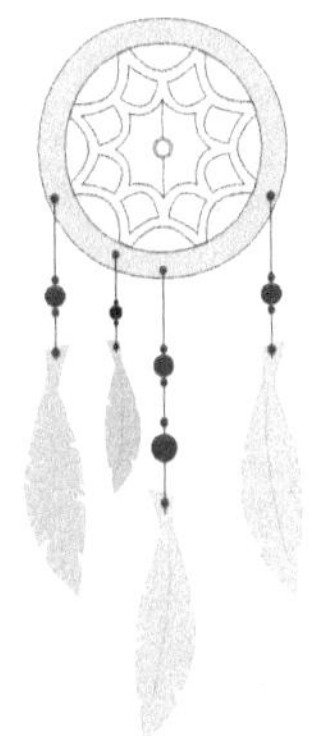

<u>Traum</u>

Datum

[_ _ _ _ _ _ _]

Was kam im Traum vor?

____

____

____

____

____

____

Wer kam darin vor?

☐ _____________________   ☐ _____________________

☐ _____________________   ☐ _____________________

☐ _____________________   ☐ _____________________

☐ _____________________   ☐ _____________________

Traumdeutung

____

____

____

____

____

Was war es für ein Traum?

- ☐ Eine neue Idee
- ☐ Fantasie
- ☐ Lustig
- ☐ Schultraum
- ☐ verwirrender Traum

- ☐ von der Arbeit geträumt
- ☐ Vergangenheitstraum
- ☐ Wiederholungstraum
- ☐ Zukunftstraum
- ☐ Alptraum

Gedanken und Gefühle nach dem Aufwachen

____

____

____

____

____

____

____

Traum

Datum

Was kam im Traum vor?

Wer kam darin vor?

Traumdeutung

Was war es für ein Traum?

- ☐ Eine neue Idee
- ☐ Fantasie
- ☐ Lustig
- ☐ Schultraum
- ☐ verwirrender Traum

- ☐ von der Arbeit geträumt
- ☐ Vergangenheitstraum
- ☐ Wiederholungstraum
- ☐ Zukunftstraum
- ☐ Alptraum

Gedanken und Gefühle nach dem Aufwachen

<u>*Traum*</u>

<u>*Datum*</u>

Was kam im Traum vor?

Wer kam darin vor?

Traumdeutung

Was war es für ein Traum?

- ☐ Eine neue Idee
- ☐ Fantasie
- ☐ Lustig
- ☐ Schultraum
- ☐ verwirrender Traum

- ☐ von der Arbeit geträumt
- ☐ Vergangenheitstraum
- ☐ Wiederholungstraum
- ☐ Zukunftstraum
- ☐ Alptraum

Gedanken und Gefühle nach dem Aufwachen

____

____

____

____

____

____

____

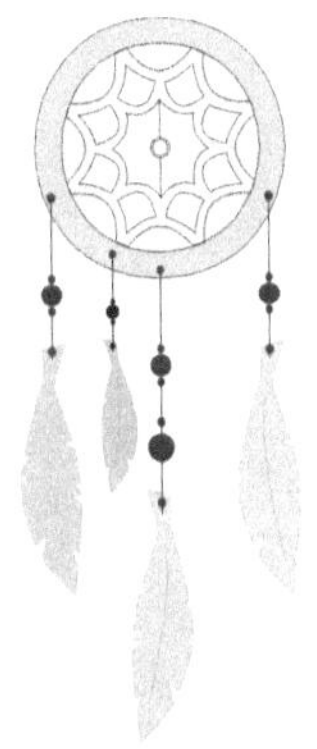

<u>Traum</u>

Datum

Was kam im Traum vor?

Wer kam darin vor?

Traumdeutung

Was war es für ein Traum?

☐ Eine neue Idee ☐ von der Arbeit geträumt

☐ Fantasie ☐ Vergangenheitstraum

☐ Lustig ☐ Wiederholungstraum

☐ Schultraum ☐ Zukunftstraum

☐ verwirrender Traum ☐ Alptraum

Gedanken und Gefühle nach dem Aufwachen

____

____

____

____

____

____

____

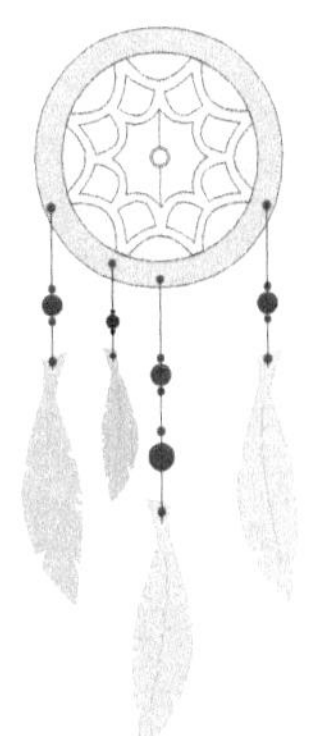

Traum

Datum

Was kam im Traum vor?

Wer kam darin vor?

Traumdeutung

Was war es für ein Traum?

☐ Eine neue Idee   ☐ von der Arbeit geträumt

☐ Fantasie   ☐ Vergangenheitstraum

☐ Lustig   ☐ Wiederholungstraum

☐ Schultraum   ☐ Zukunftstraum

☐ verwirrender Traum   ☐ Alptraum

Gedanken und Gefühle nach dem Aufwachen

____

____

____

____

____

____

____

Traum

Datum

Was kam im Traum vor?

Wer kam darin vor?

Traumdeutung

Was war es für ein Traum?

- [ ] Eine neue Idee
- [ ] Fantasie
- [ ] Lustig
- [ ] Schultraum
- [ ] verwirrender Traum

- [ ] von der Arbeit geträumt
- [ ] Vergangenheitstraum
- [ ] Wiederholungstraum
- [ ] Zukunftstraum
- [ ] Alptraum

Gedanken und Gefühle nach dem Aufwachen

____

____

____

____

____

____

____

____

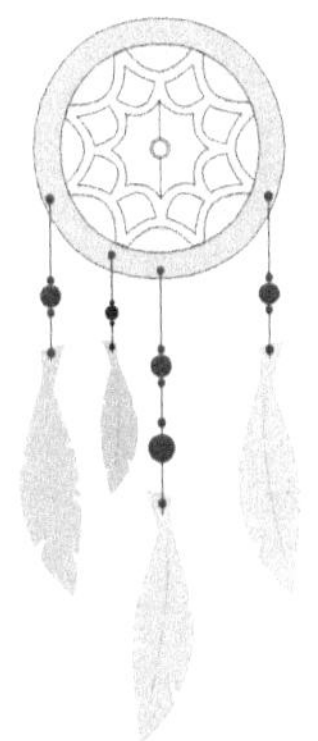

<u>*Traum*</u>

Datum

Was kam im Traum vor?

Wer kam darin vor?

Traumdeutung

Was war es für ein Traum?

- ☐ Eine neue Idee
- ☐ Fantasie
- ☐ Lustig
- ☐ Schultraum
- ☐ verwirrender Traum

- ☐ von der Arbeit geträumt
- ☐ Vergangenheitstraum
- ☐ Wiederholungstraum
- ☐ Zukunftstraum
- ☐ Alptraum

Gedanken und Gefühle nach dem Aufwachen

____

____

____

____

____

____

____

Traum

Datum

Was kam im Traum vor?

Wer kam darin vor?

Traumdeutung

Was war es für ein Traum?

- ☐ Eine neue Idee
- ☐ Fantasie
- ☐ Lustig
- ☐ Schultraum
- ☐ verwirrender Traum

- ☐ von der Arbeit geträumt
- ☐ Vergangenheitstraum
- ☐ Wiederholungstraum
- ☐ Zukunftstraum
- ☐ Alptraum

Gedanken und Gefühle nach dem Aufwachen

____

____

____

____

____

____

____

____

<u>*Traum*</u>

Datum

Was kam im Traum vor?

Wer kam darin vor?

Traumdeutung

Was war es für ein Traum?

- ☐ Eine neue Idee
- ☐ Fantasie
- ☐ Lustig
- ☐ Schultraum
- ☐ verwirrender Traum

- ☐ von der Arbeit geträumt
- ☐ Vergangenheitstraum
- ☐ Wiederholungstraum
- ☐ Zukunftstraum
- ☐ Alptraum

Gedanken und Gefühle nach dem Aufwachen

____

____

____

____

____

____

____

____

<u>*Traum*</u>

Datum

Was kam im Traum vor?

Wer kam darin vor?

Traumdeutung

Was war es für ein Traum?

- ☐ Eine neue Idee
- ☐ Fantasie
- ☐ Lustig
- ☐ Schultraum
- ☐ verwirrender Traum

- ☐ von der Arbeit geträumt
- ☐ Vergangenheitstraum
- ☐ Wiederholungstraum
- ☐ Zukunftstraum
- ☐ Alptraum

Gedanken und Gefühle nach dem Aufwachen

____

____

____

____

____

____

____

<u>*Traum*</u>

Datum

Was kam im Traum vor?

Wer kam darin vor?

Traumdeutung

Was war es für ein Traum?

- ☐ Eine neue Idee
- ☐ Fantasie
- ☐ Lustig
- ☐ Schultraum
- ☐ verwirrender Traum

- ☐ von der Arbeit geträumt
- ☐ Vergangenheitstraum
- ☐ Wiederholungstraum
- ☐ Zukunftstraum
- ☐ Alptraum

Gedanken und Gefühle nach dem Aufwachen

____

____

____

____

____

____

____

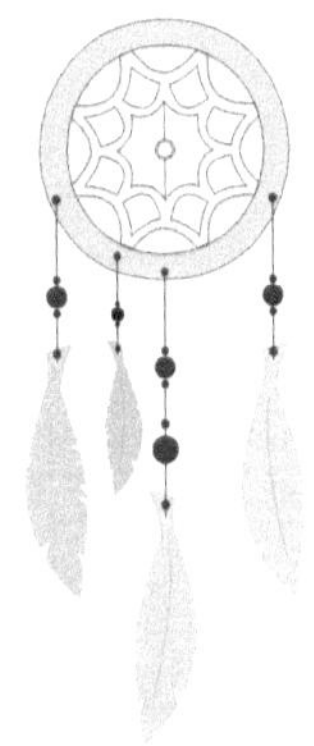

<u>Traum</u>

Datum

Was kam im Traum vor?

Wer kam darin vor?

Traumdeutung

Was war es für ein Traum?

- ☐ Eine neue Idee
- ☐ Fantasie
- ☐ Lustig
- ☐ Schultraum
- ☐ verwirrender Traum

- ☐ von der Arbeit geträumt
- ☐ Vergangenheitstraum
- ☐ Wiederholungstraum
- ☐ Zukunftstraum
- ☐ Alptraum

Gedanken und Gefühle nach dem Aufwachen

____

____

____

____

____

____

____

<u>*Traum*</u>

Datum

Was kam im Traum vor?

Wer kam darin vor?

Traumdeutung

Was war es für ein Traum?

- ☐ Eine neue Idee
- ☐ Fantasie
- ☐ Lustig
- ☐ Schultraum
- ☐ verwirrender Traum

- ☐ von der Arbeit geträumt
- ☐ Vergangenheitstraum
- ☐ Wiederholungstraum
- ☐ Zukunftstraum
- ☐ Alptraum

Gedanken und Gefühle nach dem Aufwachen

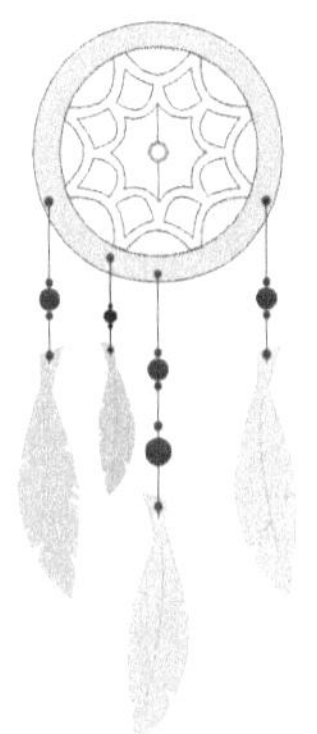

Traum

Datum

Was kam im Traum vor?

Wer kam darin vor?

Traumdeutung

Was war es für ein Traum?

- ☐ Eine neue Idee
- ☐ Fantasie
- ☐ Lustig
- ☐ Schultraum
- ☐ verwirrender Traum

- ☐ von der Arbeit geträumt
- ☐ Vergangenheitstraum
- ☐ Wiederholungstraum
- ☐ Zukunftstraum
- ☐ Alptraum

Gedanken und Gefühle nach dem Aufwachen

____

____

____

____

____

____

____

____

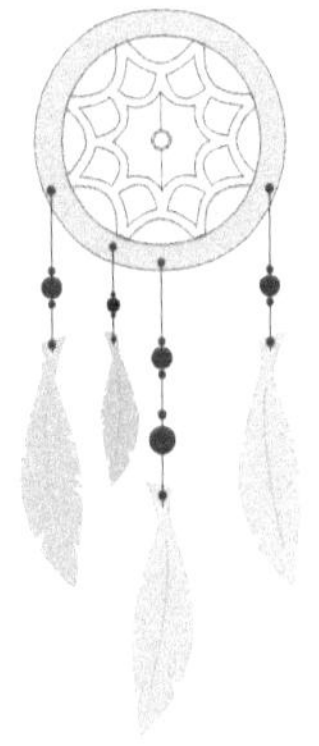

<u>*Traum*</u>

Datum

Was kam im Traum vor?

Wer kam darin vor?

Traumdeutung

Was war es für ein Traum?

- ☐ Eine neue Idee
- ☐ Fantasie
- ☐ Lustig
- ☐ Schultraum
- ☐ verwirrender Traum

- ☐ von der Arbeit geträumt
- ☐ Vergangenheitstraum
- ☐ Wiederholungstraum
- ☐ Zukunftstraum
- ☐ Alptraum

Gedanken und Gefühle nach dem Aufwachen

____

____

____

____

____

____

____

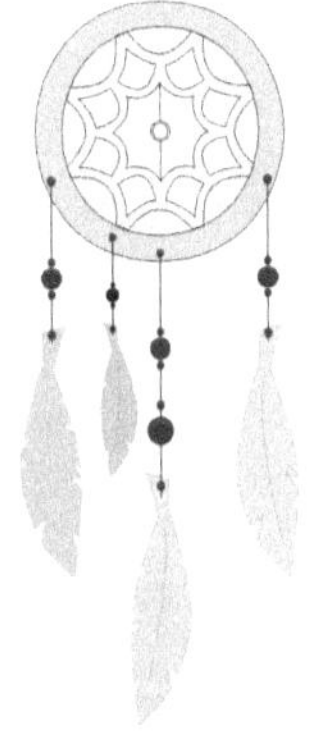

<u>*Traum*</u>

Datum

Was kam im Traum vor?

Wer kam darin vor?

Traumdeutung

Was war es für ein Traum?

- ☐ Eine neue Idee
- ☐ Fantasie
- ☐ Lustig
- ☐ Schultraum
- ☐ verwirrender Traum

- ☐ von der Arbeit geträumt
- ☐ Vergangenheitstraum
- ☐ Wiederholungstraum
- ☐ Zukunftstraum
- ☐ Alptraum

Gedanken und Gefühle nach dem Aufwachen

____

____

____

____

____

____

____

<u>*Traum*</u>

Datum

Was kam im Traum vor?

Wer kam darin vor?

Traumdeutung

Was war es für ein Traum?

- ☐ Eine neue Idee
- ☐ Fantasie
- ☐ Lustig
- ☐ Schultraum
- ☐ verwirrender Traum

- ☐ von der Arbeit geträumt
- ☐ Vergangenheitstraum
- ☐ Wiederholungstraum
- ☐ Zukunftstraum
- ☐ Alptraum

Gedanken und Gefühle nach dem Aufwachen

____

____

____

____

____

____

____

____

<u>*Traum*</u>

Datum

Was kam im Traum vor?

Wer kam darin vor?

Traumdeutung

Was war es für ein Traum?

- ☐ Eine neue Idee
- ☐ Fantasie
- ☐ Lustig
- ☐ Schultraum
- ☐ verwirrender Traum

- ☐ von der Arbeit geträumt
- ☐ Vergangenheitstraum
- ☐ Wiederholungstraum
- ☐ Zukunftstraum
- ☐ Alptraum

Gedanken und Gefühle nach dem Aufwachen

____

____

____

____

____

____

____

Traum

Datum

Was kam im Traum vor?

Wer kam darin vor?

Traumdeutung

Was war es für ein Traum?

- ☐ Eine neue Idee
- ☐ Fantasie
- ☐ Lustig
- ☐ Schultraum
- ☐ verwirrender Traum

- ☐ von der Arbeit geträumt
- ☐ Vergangenheitstraum
- ☐ Wiederholungstraum
- ☐ Zukunftstraum
- ☐ Alptraum

Gedanken und Gefühle nach dem Aufwachen

____

____

____

____

____

____

____

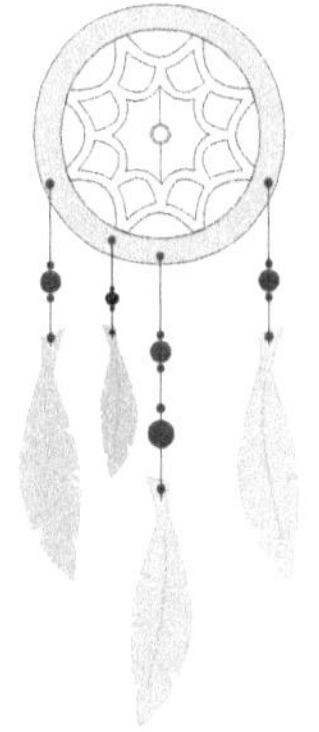

Traum

Datum

Was kam im Traum vor?

Wer kam darin vor?

Traumdeutung

Was war es für ein Traum?

- ☐ Eine neue Idee
- ☐ Fantasie
- ☐ Lustig
- ☐ Schultraum
- ☐ verwirrender Traum

- ☐ von der Arbeit geträumt
- ☐ Vergangenheitstraum
- ☐ Wiederholungstraum
- ☐ Zukunftstraum
- ☐ Alptraum

Gedanken und Gefühle nach dem Aufwachen

____

____

____

____

____

____

____

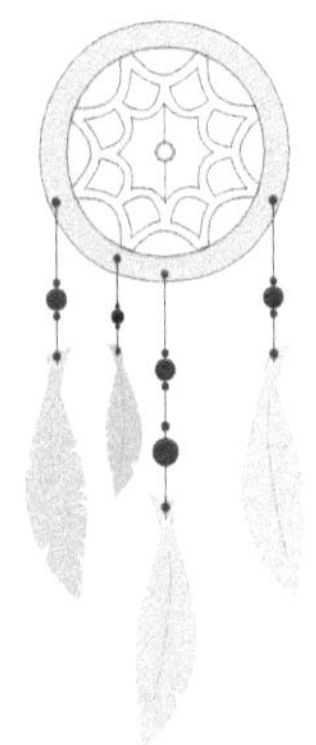

<u>*Traum*</u>

Datum

Was kam im Traum vor?

____

____

____

____

____

Wer kam darin vor?

- ________________________   - ________________________
- ________________________   - ________________________
- ________________________   - ________________________
- ________________________   - ________________________

Traumdeutung

____

____

____

____

____

____

Was war es für ein Traum?

☐ Eine neue Idee

☐ Fantasie

☐ Lustig

☐ Schultraum

☐ verwirrender Traum

☐ von der Arbeit geträumt

☐ Vergangenheitstraum

☐ Wiederholungstraum

☐ Zukunftstraum

☐ Alptraum

Gedanken und Gefühle nach dem Aufwachen

____

____

____

____

____

____

____

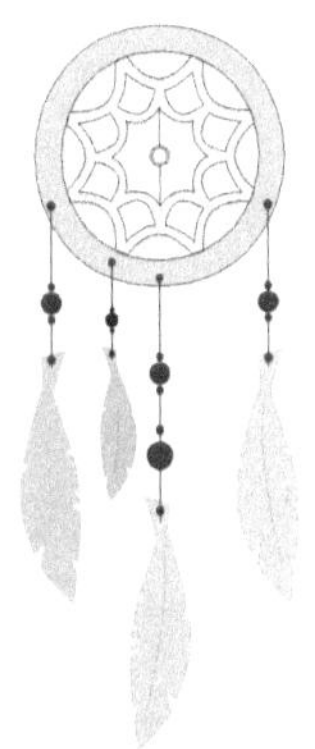

Traum

Datum

Was kam im Traum vor?

Wer kam darin vor?

Traumdeutung

Was war es für ein Traum?

- ☐ Eine neue Idee
- ☐ Fantasie
- ☐ Lustig
- ☐ Schultraum
- ☐ verwirrender Traum

- ☐ von der Arbeit geträumt
- ☐ Vergangenheitstraum
- ☐ Wiederholungstraum
- ☐ Zukunftstraum
- ☐ Alptraum

Gedanken und Gefühle nach dem Aufwachen

____

____

____

____

____

____

____

Traum

Datum

Was kam im Traum vor?

Wer kam darin vor?

Traumdeutung

Was war es für ein Traum?

- ☐ Eine neue Idee
- ☐ Fantasie
- ☐ Lustig
- ☐ Schultraum
- ☐ verwirrender Traum

- ☐ von der Arbeit geträumt
- ☐ Vergangenheitstraum
- ☐ Wiederholungstraum
- ☐ Zukunftstraum
- ☐ Alptraum

Gedanken und Gefühle nach dem Aufwachen

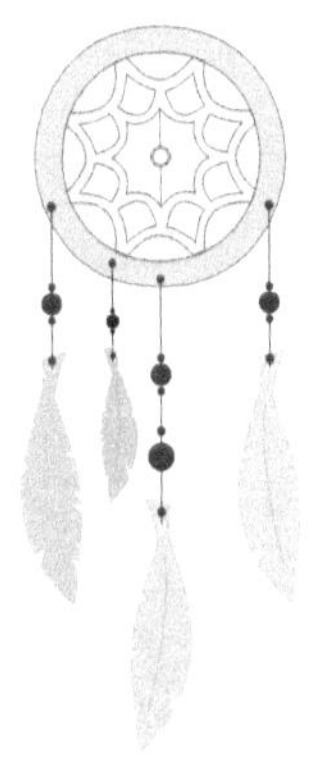

<u>*Traum*</u>

Datum

Was kam im Traum vor?

Wer kam darin vor?

Traumdeutung

Was war es für ein Traum?

- ☐ Eine neue Idee
- ☐ Fantasie
- ☐ Lustig
- ☐ Schultraum
- ☐ verwirrender Traum

- ☐ von der Arbeit geträumt
- ☐ Vergangenheitstraum
- ☐ Wiederholungstraum
- ☐ Zukunftstraum
- ☐ Alptraum

Gedanken und Gefühle nach dem Aufwachen

____

____

____

____

____

____

____

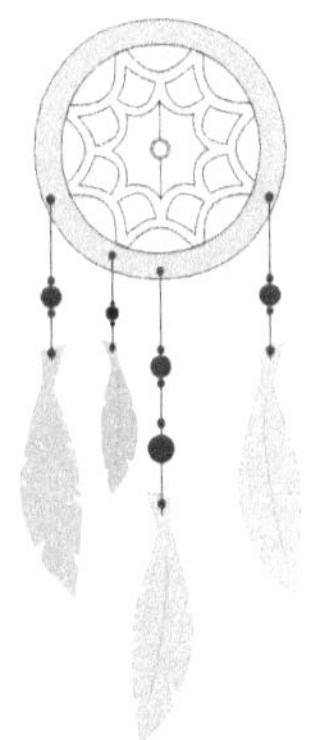

Traum

Datum

Was kam im Traum vor?

Wer kam darin vor?

Traumdeutung

Was war es für ein Traum?

- ☐ Eine neue Idee
- ☐ Fantasie
- ☐ Lustig
- ☐ Schultraum
- ☐ verwirrender Traum

- ☐ von der Arbeit geträumt
- ☐ Vergangenheitstraum
- ☐ Wiederholungstraum
- ☐ Zukunftstraum
- ☐ Alptraum

Gedanken und Gefühle nach dem Aufwachen

____

____

____

____

____

____

____

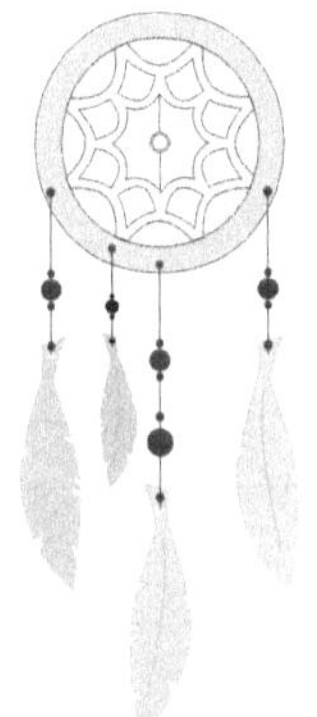

Traum

Datum

Was kam im Traum vor?

Wer kam darin vor?

Traumdeutung

Was war es für ein Traum?

- ☐ Eine neue Idee
- ☐ Fantasie
- ☐ Lustig
- ☐ Schultraum
- ☐ verwirrender Traum

- ☐ von der Arbeit geträumt
- ☐ Vergangenheitstraum
- ☐ Wiederholungstraum
- ☐ Zukunftstraum
- ☐ Alptraum

Gedanken und Gefühle nach dem Aufwachen

____

____

____

____

____

____

____

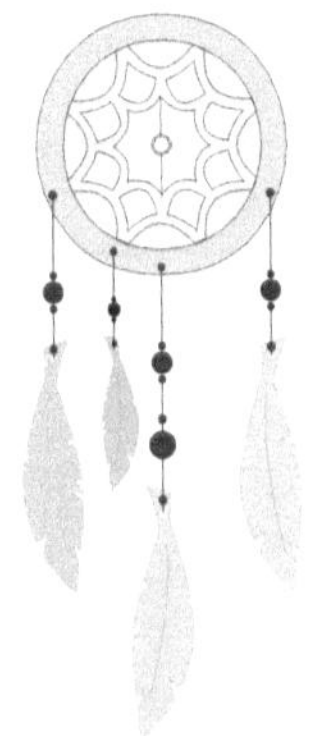

Traum

Datum

Was kam im Traum vor?

Wer kam darin vor?

☐ _______________ ☐ _______________

☐ _______________ ☐ _______________

☐ _______________ ☐ _______________

☐ _______________ ☐ _______________

Traumdeutung

Was war es für ein Traum?

☐ Eine neue Idee

☐ Fantasie

☐ Lustig

☐ Schultraum

☐ verwirrender Traum

☐ von der Arbeit geträumt

☐ Vergangenheitstraum

☐ Wiederholungstraum

☐ Zukunftstraum

☐ Alptraum

Gedanken und Gefühle nach dem Aufwachen

____

____

____

____

____

____

____

<u>Traum</u>

Datum

Was kam im Traum vor?

Wer kam darin vor?

Traumdeutung

Was war es für ein Traum?

☐ Eine neue Idee

☐ Fantasie

☐ Lustig

☐ Schultraum

☐ verwirrender Traum

☐ von der Arbeit geträumt

☐ Vergangenheitstraum

☐ Wiederholungstraum

☐ Zukunftstraum

☐ Alptraum

Gedanken und Gefühle nach dem Aufwachen

____

____

____

____

____

____

____

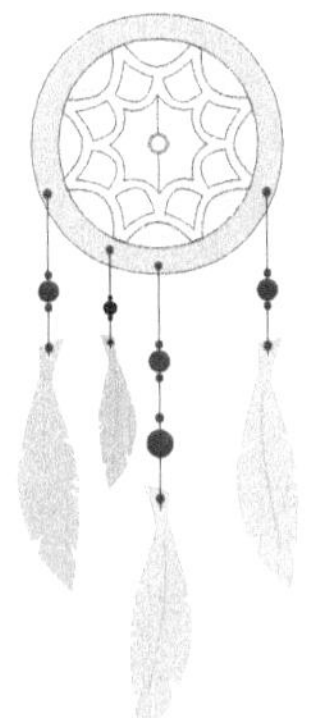

Traum

Datum

Was kam im Traum vor?

Wer kam darin vor?

Traumdeutung

Was war es für ein Traum?

- ☐ Eine neue Idee
- ☐ Fantasie
- ☐ Lustig
- ☐ Schultraum
- ☐ verwirrender Traum

- ☐ von der Arbeit geträumt
- ☐ Vergangenheitstraum
- ☐ Wiederholungstraum
- ☐ Zukunftstraum
- ☐ Alptraum

Gedanken und Gefühle nach dem Aufwachen

____

____

____

____

____

____

____

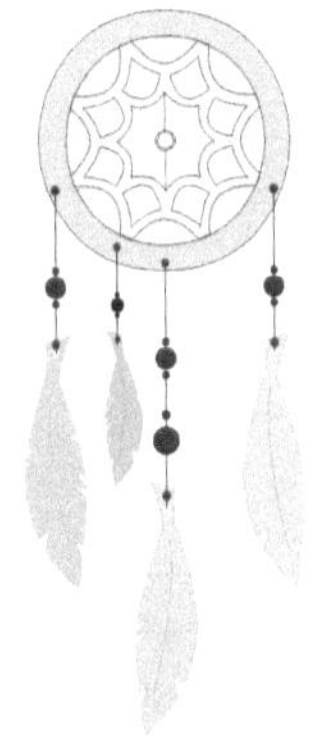

Traum

Datum

Was kam im Traum vor?

Wer kam darin vor?

Traumdeutung

Was war es für ein Traum?

- ☐ Eine neue Idee
- ☐ Fantasie
- ☐ Lustig
- ☐ Schultraum
- ☐ verwirrender Traum

- ☐ von der Arbeit geträumt
- ☐ Vergangenheitstraum
- ☐ Wiederholungstraum
- ☐ Zukunftstraum
- ☐ Alptraum

Gedanken und Gefühle nach dem Aufwachen

____

____

____

____

____

____

____

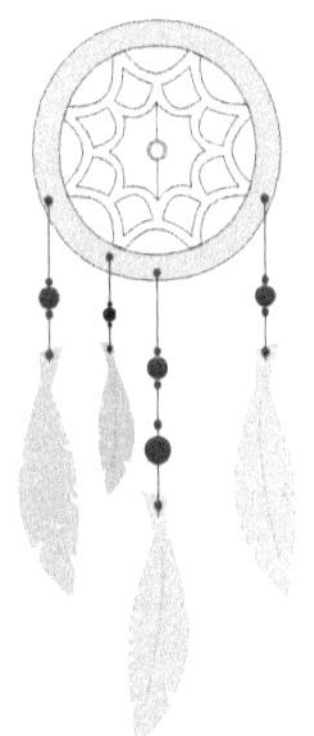

Traum

Datum

Was kam im Traum vor?

Wer kam darin vor?

Traumdeutung

Was war es für ein Traum?

- ☐ Eine neue Idee
- ☐ Fantasie
- ☐ Lustig
- ☐ Schultraum
- ☐ verwirrender Traum

- ☐ von der Arbeit geträumt
- ☐ Vergangenheitstraum
- ☐ Wiederholungstraum
- ☐ Zukunftstraum
- ☐ Alptraum

Gedanken und Gefühle nach dem Aufwachen

____

____

____

____

____

____

____

Traum

Datum

Was kam im Traum vor?

Wer kam darin vor?

Traumdeutung

Was war es für ein Traum?

- ☐ Eine neue Idee
- ☐ Fantasie
- ☐ Lustig
- ☐ Schultraum
- ☐ verwirrender Traum

- ☐ von der Arbeit geträumt
- ☐ Vergangenheitstraum
- ☐ Wiederholungstraum
- ☐ Zukunftstraum
- ☐ Alptraum

Gedanken und Gefühle nach dem Aufwachen

____

____

____

____

____

____

____

Traum

Datum

Was kam im Traum vor?

Wer kam darin vor?

Traumdeutung

Was war es für ein Traum?

- ☐ Eine neue Idee
- ☐ Fantasie
- ☐ Lustig
- ☐ Schultraum
- ☐ verwirrender Traum

- ☐ von der Arbeit geträumt
- ☐ Vergangenheitstraum
- ☐ Wiederholungstraum
- ☐ Zukunftstraum
- ☐ Alptraum

Gedanken und Gefühle nach dem Aufwachen

____

____

____

____

____

____

____

<u>Traum</u>

Datum

Was kam im Traum vor?

Wer kam darin vor?

Traumdeutung

Was war es für ein Traum?

☐ Eine neue Idee   ☐ von der Arbeit geträumt

☐ Fantasie   ☐ Vergangenheitstraum

☐ Lustig   ☐ Wiederholungstraum

☐ Schultraum   ☐ Zukunftstraum

☐ verwirrender Traum   ☐ Alptraum

Gedanken und Gefühle nach dem Aufwachen

Traum

Datum

Was kam im Traum vor?

Wer kam darin vor?

Traumdeutung

Was war es für ein Traum?

- ☐ Eine neue Idee
- ☐ Fantasie
- ☐ Lustig
- ☐ Schultraum
- ☐ verwirrender Traum

- ☐ von der Arbeit geträumt
- ☐ Vergangenheitstraum
- ☐ Wiederholungstraum
- ☐ Zukunftstraum
- ☐ Alptraum

Gedanken und Gefühle nach dem Aufwachen

Traum

Datum

Was kam im Traum vor?

Wer kam darin vor?

Traumdeutung

Was war es für ein Traum?

- ☐ Eine neue Idee
- ☐ Fantasie
- ☐ Lustig
- ☐ Schultraum
- ☐ verwirrender Traum

- ☐ von der Arbeit geträumt
- ☐ Vergangenheitstraum
- ☐ Wiederholungstraum
- ☐ Zukunftstraum
- ☐ Alptraum

Gedanken und Gefühle nach dem Aufwachen

____

____

____

____

____

____

____

<u>*Traum*</u>

Datum

Was kam im Traum vor?

Wer kam darin vor?

Traumdeutung

Was war es für ein Traum?

- ☐ Eine neue Idee
- ☐ Fantasie
- ☐ Lustig
- ☐ Schultraum
- ☐ verwirrender Traum

- ☐ von der Arbeit geträumt
- ☐ Vergangenheitstraum
- ☐ Wiederholungstraum
- ☐ Zukunftstraum
- ☐ Alptraum

Gedanken und Gefühle nach dem Aufwachen

____

____

____

____

____

____

____

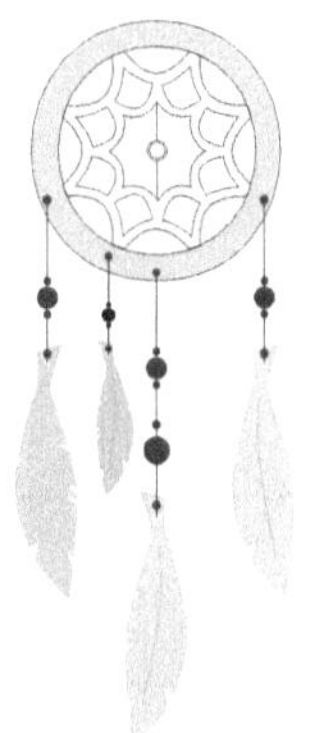

<u>*Traum*</u>

Datum

Was kam im Traum vor?

Wer kam darin vor?

Traumdeutung

Was war es für ein Traum?

☐ Eine neue Idee   ☐ von der Arbeit geträumt

☐ Fantasie   ☐ Vergangenheitstraum

☐ Lustig   ☐ Wiederholungstraum

☐ Schultraum   ☐ Zukunftstraum

☐ verwirrender Traum   ☐ Alptraum

Gedanken und Gefühle nach dem Aufwachen

Traum

Datum

Was kam im Traum vor?

Wer kam darin vor?

Traumdeutung

Was war es für ein Traum?

- ☐ Eine neue Idee
- ☐ Fantasie
- ☐ Lustig
- ☐ Schultraum
- ☐ verwirrender Traum

- ☐ von der Arbeit geträumt
- ☐ Vergangenheitstraum
- ☐ Wiederholungstraum
- ☐ Zukunftstraum
- ☐ Alptraum

Gedanken und Gefühle nach dem Aufwachen

Traum

Datum

Was kam im Traum vor?

____
____
____
____
____

Wer kam darin vor?

☐ _____________________ ☐ _____________________

☐ _____________________ ☐ _____________________

☐ _____________________ ☐ _____________________

☐ _____________________ ☐ _____________________

Traumdeutung

____
____
____
____
____
____

Was war es für ein Traum?

- ☐ Eine neue Idee
- ☐ Fantasie
- ☐ Lustig
- ☐ Schultraum
- ☐ verwirrender Traum

- ☐ von der Arbeit geträumt
- ☐ Vergangenheitstraum
- ☐ Wiederholungstraum
- ☐ Zukunftstraum
- ☐ Alptraum

Gedanken und Gefühle nach dem Aufwachen

<u>*Traum*</u>

Datum

Was kam im Traum vor?

Wer kam darin vor?

Traumdeutung

Was war es für ein Traum?

☐ Eine neue Idee ☐ von der Arbeit geträumt

☐ Fantasie ☐ Vergangenheitstraum

☐ Lustig ☐ Wiederholungstraum

☐ Schultraum ☐ Zukunftstraum

☐ verwirrender Traum ☐ Alptraum

Gedanken und Gefühle nach dem Aufwachen

____

____

____

____

____

____

____

____

<u>Traum</u>

Datum

Was kam im Traum vor?

Wer kam darin vor?

Traumdeutung

Was war es für ein Traum?

- [ ] Eine neue Idee
- [ ] Fantasie
- [ ] Lustig
- [ ] Schultraum
- [ ] verwirrender Traum

- [ ] von der Arbeit geträumt
- [ ] Vergangenheitstraum
- [ ] Wiederholungstraum
- [ ] Zukunftstraum
- [ ] Alptraum

Gedanken und Gefühle nach dem Aufwachen

____

____

____

____

____

____

____

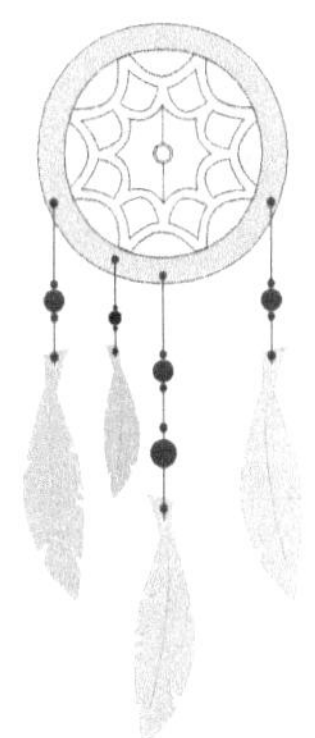

<u>*Traum*</u>

Datum

Was kam im Traum vor?

Wer kam darin vor?

Traumdeutung

Was war es für ein Traum?

☐ Eine neue Idee		☐ von der Arbeit geträumt	
☐ Fantasie		☐ Vergangenheitstraum	
☐ Lustig		☐ Wiederholungstraum	
☐ Schultraum		☐ Zukunftstraum	
☐ verwirrender Traum		☐ Alptraum	

Gedanken und Gefühle nach dem Aufwachen

____

____

____

____

____

____

____

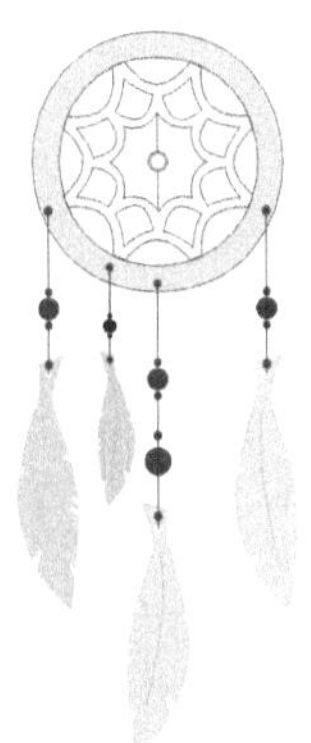

Traum

Datum

Was kam im Traum vor?

Wer kam darin vor?

Traumdeutung

☐ Eine neue Idee   ☐ von der Arbeit geträumt

☐ Fantasie   ☐ Vergangenheitstraum

☐ Lustig   ☐ Wiederholungstraum

☐ Schultraum   ☐ Zukunftstraum

☐ verwirrender Traum   ☐ Alptraum

Gedanken und Gefühle nach dem Aufwachen

Traum

Datum

Was kam im Traum vor?

Wer kam darin vor?

Traumdeutung

Was war es für ein Traum?

<table>
<tr><td>☐ Eine neue Idee</td><td>☐ von der Arbeit geträumt</td></tr>
<tr><td>☐ Fantasie</td><td>☐ Vergangenheitstraum</td></tr>
<tr><td>☐ Lustig</td><td>☐ Wiederholungstraum</td></tr>
<tr><td>☐ Schultraum</td><td>☐ Zukunftstraum</td></tr>
<tr><td>☐ verwirrender Traum</td><td>☐ Alptraum</td></tr>
</table>

Gedanken und Gefühle nach dem Aufwachen

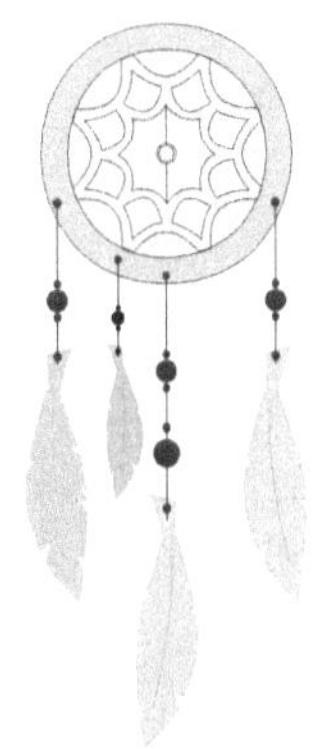

<u>*Traum*</u>

Datum

Was kam im Traum vor?

Wer kam darin vor?

Traumdeutung

Was war es für ein Traum?

- ☐ Eine neue Idee
- ☐ Fantasie
- ☐ Lustig
- ☐ Schultraum
- ☐ verwirrender Traum

- ☐ von der Arbeit geträumt
- ☐ Vergangenheitstraum
- ☐ Wiederholungstraum
- ☐ Zukunftstraum
- ☐ Alptraum

Gedanken und Gefühle nach dem Aufwachen

____

____

____

____

____

____

____

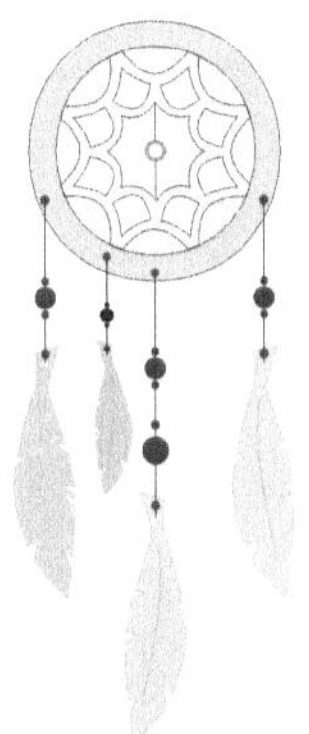